D1926074

MODERNE KÜCHE

–KÜCHENBIBLIOTHEK–

SCHLEMMEN OHNE FLEISCH

MOEWIG

Inhalt

8 Salate & Vorspeisen

26 Feine Suppen

36 Beilagen und kleine Gerichte

44 Raffiniert Gefülltes

62 Aus Topf und Pfanne

76 Aus dem Ofen

90 Verzeichnis der Rezepte nach Kapiteln

92 Verzeichnis der Rezepte in alphabetischer Reihenfolge

Salate & Vorspeisen

Bauernsalat mit Schafskäse (Foto)

Zutaten für 4 Personen

- 5 Tomaten
- ½ Salatgurke
- 1 Paprikaschote
- 1 Zwiebel
- Salz
- 4 EL Rotweinessig
- 5–6 EL Olivenöl
- 200 g griechischer Schafskäse (Feta)
- Pfeffer aus der Mühle
- 2 EL Oreganoblättchen
- 100 g grüne und schwarze Oliven

1. Die Tomaten waschen, vierteln oder in Scheiben schneiden. Die Gurke waschen und mit der Schale in Scheiben schneiden. Die Paprika halbieren, die Kerne und die Trennhäute entfernen. Paprika waschen und in Streifen schneiden. Die Zwiebel schälen und in Ringe schneiden. Alles in einer Schüssel mischen.

2. Salz, Essig und Öl verrühren und über die Salatzutaten träufeln. Den Schafskäse würfeln und untermischen. Mit Pfeffer und Oregano bestreuen, mit Oliven garnieren.

Zubereitungszeit ca. 30 Minuten
Pro Portion ca. 1440 kJ / 340 kcal
E: 11 g, F: 31 g, KH: 6 g

Marinierte Möhren

Zutaten für 4 Personen

- 500 g junge Möhren
- 250 ml Weißwein
- 250 ml Weißweinessig
- 1 Bund Petersilie, gehackt
- 2 Knoblauchzehen, durchgepresst
- 8 EL Olivenöl extra vergine
- Salz, Pfeffer aus der Mühle
- 1 EL gehacktes Basilikum

1. Die Möhren putzen, waschen und in längliche Stücke schneiden, in einen Topf geben. Den Weißwein und den Essig zugießen, 1 Liter Wasser zufügen. Übrigen Zutaten, bis auf das Basilikum, zugeben. Das Ganze aufkochen lassen und die Möhren in dem Sud in etwa 15 Minuten bissfest dünsten.

2. Danach den Topf vom Herd ziehen und die Möhren in der Kochflüssigkeit abkühlen lassen, herausnehmen und in eine Servierschüssel geben. Die Marinade durchsieben und einen Teil davon dazugießen. Mit Basilikum bestreut servieren.

Zubereitungszeit ca. 45 Minuten
(plus 30 Minuten Zeit zum Abkühlen)
Pro Portion ca. 820 kJ / 200 kcal
E: 2 g, F: 15 g, KH: 7 g

Eingelegte Kirschtomaten (Foto)

Zutaten für 4 Personen

- 750 g Kirschtomaten
- 8 Knoblauchzehen
- 1 Bund Basilikum
- 125 ml Weißweinessig
- 125 ml Olivenöl extra vergine
- 1 TL Anissamen
- Salz, Pfeffer aus der Mühle
- 250 g Bonbel im Stück

1. Die Kirschtomaten waschen und in heißem Wasser 1 Minute blanchieren, dann kalt abschrecken und enthäuten.

2. Die Knoblauchzehen schälen und in Spalten schneiden. Das Basilikum abbrausen, trockenschütteln und die Blättchen von den Stielen zupfen.

3. Essig mit Olivenöl, Anis, Salz und Pfeffer verrühren. Den Käse entrinden und in Würfel schneiden. Die Tomaten mit den Käsewürfeln und dem Basilikum in zwei Einmachgläser geben, die Marinade darüber gießen. Kühl gestellt 6 Stunden durchziehen lassen.

Zubereitungszeit ca. 30 Minuten
(plus 6 Stunden Marinierzeit)
Pro Portion ca. 1270 kJ / 310 kcal
E: 11 g, F: 27 g, KH: 5 g

Italienischer Fenchelsalat

Zutaten für 4 Personen

- 4 große Fenchelknollen (750 g–1 kg)
- 1 Knoblauchzehe, durchgepresst
- 2–3 EL Weinessig
- 1 TL Senf
- Salz, Pfeffer aus der Mühle
- 4 EL Olivenöl extra vergine
- 1 Apfel (ca. 125 g)
- 2 große Orangen (ca. 500 g)

1. Die Fenchelknollen putzen, waschen und längs in dünne Scheiben schneiden.

2. Die Knoblauchzehe mit Essig, Senf, Salz, Pfeffer und Öl zu einer Salatsauce verrühren und über den Fenchel gießen.

3. Den Apfel und die Orangen schälen, den Apfel entkernen. Danach das Obst in Würfel schneiden und über den Fenchel streuen. Erst direkt vor dem Servieren untermischen.

Zubereitungszeit ca. 30 Minuten
Pro Portion ca. 870 kJ / 210 kcal
E: 7 g, F: 11 g, KH: 19 g

Käsebällchen im Spinatmantel

Zutaten für 4 Personen

200 g große Spinatblätter
200 g Limburger
100 g Tilsiter mit geschmierter Rinde
200 g körniger Frischkäse
50 g weiche Butter
½ rote Paprikaschote
2 Schalotten
2 EL Essig
4 EL Walnussöl
½ TL geschroteter Pfeffer

1. Die Spinatblätter putzen, waschen und in kochendem Wasser kurz blanchieren, kalt abschrecken und auf Küchenkrepp ausbreiten.

2. Den Limburger und den Tilsiter mit der Gabel zerdrücken oder grob zerkleinern. Den körnigen Frischkäse auf einem Sieb abtropfen lassen. Alle Käsesorten mit der Butter mischen und für 2–3 Stunden in den Kühlschrank stellen.

3. In der Zwischenzeit die Paprika waschen und entkernen, die Schalotten schälen und beides sehr fein hacken. Mit dem Essig und dem Öl mischen.

4. Dann aus der Käse-Butter-Mischung mit 2 Teelöffeln kleine Bällchen formen, auf den Spinatblätter verteilen, darin einwickeln und auf einer Platte anrichten.

5. Die Vinaigrette über die Bällchen gießen und kräftig pfeffern. Dazu geröstete dünne Scheiben helles und dunkles Brot servieren.

Zubereitungszeit ca. 45 Minuten
(plus 2–3 Stunden Kühlzeit)
Pro Portion ca. 2170 kJ / 520 kcal
E: 25 g, F: 45 g, KH: 4 g

Variation

Wenn Ihnen der Limburger zu kräftig ist, ersetzen Sie ihn durch einen Camembert. Raffiniert schmecken die Käsebällchen auch mit einem milden Edelschimmelkäse, beispielsweise einem Bavaria blu.

Tomaten-Canapés

Zutaten für 4 Personen

500 g Tomaten
1 Baguette
½ Bund Majoran
½ Bund glatte Petersilie
2 Knoblauchzehen
6 EL Olivenöl
Salz, Pfeffer aus der Mühle
150 g Bonbel, in Scheiben

1. Die Tomaten waschen, kreuzweise einritzen und 1 Minute in kochendem Wasser überbrühen. Das Wasser abgießen, die Tomaten kalt abschrecken und enthäuten, anschließend vierteln, entkernen und das Fruchtfleisch in Würfel schneiden.

2. Das Baguette schräg in Scheiben schneiden. Die Kräuter abbrausen und trockentupfen. Einige Zweige zum Garnieren beiseite legen. Die übrigen Kräuter fein hacken. Den Knoblauch schälen und fein hacken. Die gehackten Kräuter und den Knoblauch mit dem Olivenöl mischen.

3. In einer beschichteten Pfanne das Kräuteröl erhitzen und die Brotscheiben darin portionsweise von beiden Seiten goldbraun braten. Mit Salz und Pfeffer würzen.

4. Die gewürfelten Tomaten auf den Baguettescheiben verteilen. Die Käsescheiben in Dreiecke schneiden und auf den Tomaten verteilen. Die Canapés mit den restlichen Kräutern garniert servieren.

Zubereitungszeit ca. 40 Minuten
Pro Portion ca. 1790 kJ / 530 kcal
E: 14 g, F: 25 g, KH: 36 g

Variation

Überbacken Sie die Brote kurz unter dem Backofengrill, bis der Käse zerlaufen ist.

Rohkost und Käse mit dreierlei Dips

Zutaten für 4 Personen

Für den Edelpilz-Kefir-Dip:

- 125 g Doppelrahm-Frischkäse
- 200 g Edelpilzkäse
- 100 g Sahnekefir
- 2 EL Haselnüsse

Für den grünen Dip:

- 150 g Limburger
- 2 Knoblauchzehen, 4 EL Öl
- 1 Schalotte
- je ½ Bund Blattpetersilie, Kerbel, gemischte Kräuter
- 1 Bund Schnittlauch
- 50 g frische Gartenkresse
- 2 Eier, hart gekocht
- 2 EL Rotweinessig, 1 EL Senf
- Salz, Pfeffer aus der Mühle
- 250 g Sahnejoghurt

Für den Preiselbeer-Meerrettich-Dip:

- 150 g Joghurt, 75 g Schmand
- 100 g eingel. Preiselbeeren
- 3 EL Meerrettich (a. d. Glas)
- weißer Pfeffer aus der Mühle
- ½ TL Koriander

Außerdem:

- 800 g gemischtes Gemüse (z. B. Gurken, Chicorée, Möhren, Staudensellerie, Kohlrabi)
- je 150 g Allgäuer Bergkäse und deutscher Gouda

1. Für den Edelpilz-Kefir-Dip den Frischkäse und den Edelpilzkäse mit einer Gabel zerdrücken, mit dem Sahnekefir gut verrühren und in eine Schüssel geben. Die Haselnüsse grob hacken, darüber streuen und den Dip 30 Minuten kühl stellen.

2. Für den grünen Dip den Limburger in kleine Stücke schneiden. Die Knoblauchzehen schälen, durchpressen und mit dem Öl mischen. Die Schalotte schälen und sehr fein würfeln. Die Kräuter waschen und trockentupfen. Zusammen mit den Eiern fein hacken. Aus Rotweinessig, Knoblauchöl, Schalotten, Kräutern, Senf und Eiern eine Sauce rühren, mit Salz und Pfeffer würzen. Den Sahnejoghurt und den Käse darunter mischen, den Dip in einer Schüssel anrichten und 30 Minuten kühl stellen.

3. Für den Preiselbeer-Meerrettich-Dip den Joghurt und den Schmand gut verrühren. Die übrigen Zutaten untermischen, den Dip in einer Schüssel anrichten und 30 Minuten kühl stellen.

4. Das Gemüse waschen, putzen und in Streifen schneiden. Den Käse in fingerlange Stücke schneiden. Dekorativ auf Servierplatten anrichten. Die Dips zu der Rohkost und dem Käse servieren.

Zubereitungszeit ca. 1 Stunde
(plus 30 Minuten Kühlzeit)
Pro Portion ca. 4270 kJ / 1020 kcal
E: 53 g, F: 84 g, KH: 14 g

Tomaten mit Tofu (Foto)

Zutaten für 4 Personen

- 200 g Tofu
- 2 kleine Knoblauchzehen, durchgepresst
- 6 EL Olivenöl
- 2 EL Sojasauce
- 4 EL Obstessig
- 2 TL Senf
- 2 EL gemischte TK-Kräuter
- Meersalz, Pfeffer aus der Mühle
- 6 Tomaten
- ½ Bund Basilikum

1. Tofu in dünne Scheiben schneiden. Knoblauch mit den übrigen Zutaten – außer Tomaten und Basilikum – zu einer Marinade verrühren. Tofu-Scheiben in einen tiefen Teller geben, mit Marinade beträufeln und dann abdecken. 12 Stunden marinieren, dabei ab und zu mit Marinade begießen.

2. Tomaten waschen und in Scheiben schneiden. Basilikum waschen und trockentupfen. Fächerförmig jeweils 1 Scheibe Tofu mit 1 Scheibe Tomate und Basilikumblättern anrichten. Die Marinade darüber geben.

Zubereitungszeit ca. 30 Minuten
(plus 12 Stunden Marinierzeit)
Pro Portion ca. 1010 kJ / 240 kcal
E: 10 g, F: 19 g, KH: 6 g

Kräutertomaten

Zutaten für 4 Personen

- 4 große Fleischtomaten
- 2 große Kartoffeln, gekocht
- 6 EL gehackte Kräuter
- 2 EL süße Sahne
- Salz, Pfeffer aus der Mühle
- etwas Zitronensaft
- 1 Prise frisch geriebene Muskatnuss
- Butter für die Form
- 1 EL Olivenöl

1. Tomaten waschen, eine Kappe abschneiden und Kerne herauskratzen. Kartoffeln pellen, mit einer Gabel zerdrücken und mit Kräutern und Sahne verrühren. Mit Salz, Pfeffer, Zitronensaft und Muskat abschmecken.

2. Backofen auf 220 °C vorheizen. Tomaten mit Salz und Pfeffer ausstreuen. Die Füllung hineingeben, die Kappen aufsetzen. Eine ofenfeste Form ausbuttern und die Tomaten hineinsetzen. Mit dem Olivenöl bepinseln, im vorgeheizten Ofen etwa 15 Minuten backen.

Zubereitungszeit ca. 40 Minuten
Pro Portion ca. 610 kJ / 150 kcal
E: 4 g, F: 8 g, KH: 15 g

Gemüsepasteten mit Zitronenbutter

Zutaten für 4 Personen

8 große Spinatblätter

Salz

1 große Kartoffel

1 Stange Porree

1 Knoblauchzehe

2 kleine Salatköpfe, geputzt und gewaschen

je 1 Bund Petersilie, Brunnenkresse, Kerbel, gehackt

4 Eier

80 g Crème fraîche

Pfeffer aus der Mühle

1 Prise frisch geriebene Muskatnuss

Butter für die Formen

Saft und abgeriebene Schale von 1 unbehandelten Zitrone

75 g kalte Butter

1. Die Spinatblätter waschen, in kochendem Salzwasser blanchieren und abschrecken. Die Blätter nebeneinander auf ein Küchenhandtuch legen.

2. Die Kartoffel schälen und würfeln, den Porree putzen, in Ringe schneiden und waschen, die Knoblauchzehe schälen und klein schneiden. Alles mit wenig Wasser etwa 8 Minuten dünsten. Salat und Kräuter zugeben, 3 Minuten mitdünsten und abgießen.

3. Den Backofen auf 160 °C vorheizen. Gemüse fein pürieren und mit Eiern, 70 g Crème fraîche, Salz, Pfeffer und Muskat mischen. 4 kleine Pastetenformen mit Butter ausfetten und mit den Spinatblättern auslegen. Das Püree einfüllen, die Blätter darüber klappen und die Formen in einem Wasserbad in den vorgeheizten Backofen schieben. Etwa 35 Minuten garen.

4. Zitronensaft und -schale mit 3 Esslöffeln Wasser in einem kleinen Topf aufkochen. Restliche Crème fraîche hinzufügen, bei mittlerer Temperatur die Butter esslöffelweise einrühren. Mit Pfeffer und Salz abschmecken.

5. Die Gemüsepasteten aus den Formen auf Teller stürzen und jeweils etwas Zitronenbutter angießen.

Zubereitungszeit ca. 1 Stunde
Pro Portion ca. 1470 kJ / 350 kcal
E: 11 g, F: 29 g, KH: 12 g

Karamellisiertes Gemüse (Foto)

Zutaten für 4 Personen

- 4 EL Zucker
- 3 EL Essigessenz
- 500 ml Rotwein
- 8 rote Zwiebeln, geschält und halbiert
- 6 mittelgroße Möhren, in dünnen Scheiben
- 4 mittelgroße Zucchini, in dünnen Scheiben
- je 3 gelbe und rote Paprikaschoten, in Streifen
- 2 EL Olivenöl
- Salz, Pfeffer aus der Mühle

1. In einem Topf Zucker mit 4 Esslöffeln Wasser hellbraun karamellisieren, mit Essigessenz und Wein ablöschen. Zwiebeln zugeben und 30 Minuten köcheln.

2. Den Backofen auf 200 °C vorheizen. Das Gemüse (Paprika mit der Innenseite nach unten) nebeneinander auf ein geöltes Backblech legen, mit Olivenöl bepinseln und mit Salz und Pfeffer bestreuen. Im vorgeheizten Backofen etwa 20 Minuten garen. Die Paprikastreifen enthäuten.

3. Das Gemüse mit dem Zwiebelsud anrichten. Dazu schmeckt knuspriges Ciabatta.

Zubereitungszeit ca. 1 Stunde
Pro Portion ca. 1200 kJ / 290 kcal
E: 7 g, F: 7 g, KH: 40 g

Fenchel im Weißwein-Sud

Zutaten für 4 Personen

- 750 g Fenchel
- 200 ml Weißwein
- 100 ml Olivenöl extra vergine
- Saft von 1 Zitrone
- 1 Lorbeerblatt
- 6 schwarze Pfefferkörner
- Salz

1. Das Fenchelgrün abschneiden, waschen, trockentupfen, hacken und beiseite legen. Den Fenchel längs in Scheiben schneiden und waschen.

2. In einem großen Topf 200 ml Wasser mit den übrigen Zutaten aufkochen. Fenchel darin etwa 30 Minuten kochen.

3. Den Fenchel herausnehmen, auf eine tiefe Servierplatte geben, den Sud durch ein Sieb darüber gießen. Mit Fenchelgrün bestreut servieren.

Zubereitungszeit ca. 45 Minuten
Pro Portion ca. 750 kJ / 180 kcal
E: 4 g, F: 13 g, KH: 7 g

Feine Suppen

Spargelcreme-Suppe mit Kräuter-Schnecken

Zutaten für 4 Personen

- 250 g weißer Spargel
- Salz
- 1 Prise Zucker
- 50 g Mehl
- 500 ml Milch
- 1 Ei
- 1–2 EL Öl
- 100 g Schichtkäse
- 2 Eigelb
- 2 gestr. TL Speisestärke
- 4–5 EL TK-Kräuter
- Pfeffer aus der Mühle
- 20 g Butter oder Margarine
- 125 ml süße Sahne
- frisch geriebene Muskatnuss
- etwas Zitronensaft
- 1 Tomate, enthäutet und gewürfelt
- 1 Gefrierbeutel
- Küchengarn

1. Spargel putzen, schälen, waschen und in Stücke schneiden. Schalen in 500 ml Wasser etwa 15 Minuten kochen. Brühe in einen Topf sieben, aufkochen, Spargel, Salz und Zucker zufügen und etwa 15 Minuten kochen, dann pürieren.

2. 30 g Mehl mit 125 ml Milch, Ei und Salz zu einem Teig verrühren, 20 Minuten quellen lassen. Aus dem Teig im heißen Öl 2 dünne Pfannkuchen backen. Die Gefrierbeutel so aufschneiden, dass 2 Stücke entstehen. Schichtkäse mit 1 Eigelb, Stärke, Kräutern und Pfeffer verrühren. Die Masse auf die Pfannkuchen streichen, diese zusammenrollen, fest mit Folie umwickeln und mit Garn zubinden. Pfannkuchenrollen in siedendem Wasser etwa 15 Minuten ziehen lassen.

3. Fett in einem Topf erhitzen, restliches Mehl darin anschwitzen. Unter Rühren mit der Suppe ablöschen und 10 Minuten kochen lassen. Übrige Milch und Sahne zugießen, erhitzen und mit restlichem Eigelb legieren. Mit Salz, Pfeffer, Muskat und Zitronensaft abschmecken.

4. Pfannkuchenrollen abschrecken, von Folien befreien und in Scheiben schneiden. Danach die Suppe auf 4 Teller verteilen, Kräuter-Schnecken hineingeben und mit Tomatenwürfeln garnieren.

Zubereitungszeit ca. 1 Stunde
Pro Portion ca. 1635 kJ / 393 kcal
E: 13 g, F: 29 g, KH: 20 g

Gemüsecremesuppe mit Walnüssen (Foto)

Zutaten für 4 Personen

- 400 g Brokkoli
- 1 Avocado
- Saft und etwas abgeriebene Schale von 1 unbehandelten Zitrone
- 200 g Frischkäse (Magerstufe)
- 500 ml Gemüsefond (a. d. Glas)
- Salz, Pfeffer aus der Mühle
- frisch geriebene Muskatnuss
- 150 g Walnusskerne, gehackt
- 1 Möhre und 1 Zucchini, in Julienne geschnitten und blanchiert

1. Brokkoli putzen, waschen, in Stücke schneiden und 5 Minuten kochen, dann pürieren. Avocado schälen, entkernen und mit dem Zitronensaft pürieren, den Frischkäse unterrühren.

2. Gemüsefond und Brokkolipüree mischen und in einem Topf erhitzen, mit Salz, Pfeffer und Muskat abschmecken. Avocado-Käse-Mischung zufügen und unter ständigem Rühren langsam erhitzen, aber nicht kochen. Die Suppe in Tellern mit den Walnusskernen, den Gemüsestreifen und etwas Zitronenschale anrichten.

Zubereitungszeit ca. 40 Minuten
Pro Portion ca. 1930 kJ / 462 kcal
E: 20 g, F: 37 g, KH: 12 g

Möhren-Orangen-Suppe

Zutaten für 4 Personen

- 1 kg Möhren
- 1 Bund Suppengrün, gehackt
- Saft von 4 Orangen
- etwas Portwein
- 1 kleines Stück Butter
- Salz, Pfeffer aus der Mühle
- 1 kleine Ingwerknolle, gerieben
- 200 ml süße Sahne, steif geschlagen

1. Möhren putzen, schälen und waschen. 2 Möhren zurückbehalten und in sehr dünne, etwa 2 cm lange Streifen, den Rest in Stücke schneiden. Möhrenstücke mit Suppengrün etwa 10 Minuten kochen, dann pürieren und eventuell mit etwas Wasser auffüllen.

2. Orangensaft und Portwein zufügen und erwärmen. Butter hinzufügen, mit Salz, Pfeffer und Ingwer abschmecken. Die Suppe etwa 10 Minuten köcheln lassen. Die Sahne unterrühren und mit den Möhrenstreifen servieren.

Zubereitungszeit ca. 45 Minuten
Pro Portion ca. 1200 kJ / 290 kcal
E: 5 g, F: 16 g, KH: 25 g

Kartoffel-Getreide-Suppe (Foto)

Zutaten für 4 Personen

500 g Kartoffeln
2 Möhren
1 Stange Porree
1 Stange Staudensellerie
750 ml Gemüsebrühe (Instant)
1 EL gekochte Haferkörner
1 Eigelb, verquirlt
2 EL Enzym-Ferment-Getreide
50 ml süße Sahne, steif geschlagen
½ Bund Petersilie, fein gehackt

1. Die Kartoffeln schälen, waschen und in Stücke schneiden. Möhren, Porree und Sellerie waschen, putzen und zerkleinern. Das Gemüse zusammen mit der Gemüsebrühe erhitzen und etwa 20 Minuten köcheln lassen.

2. Danach die Suppe leicht, aber nicht vollständig pürieren und die Haferkörner unterheben. Den Topf vom Herd nehmen, das Eigelb in die Suppe geben. Mit Enzym-Ferment-Getreide abschmecken. Die Suppe mit Sahne und Petersilie garniert servieren.

Zubereitungszeit ca. 45 Minuten
Pro Portion ca. 915 kJ / 219 kcal
E: 8 g, F: 7 g, KH: 31 g

Basilikum-Schaumsuppe mit Rahmspinat

Zutaten für 4 Personen

2 Schalotten, fein gewürfelt
1 Knoblauchzehe, fein gewürfelt
2 EL Olivenöl
1 EL Mehl
1 Suppenwürfel
2 Bund Basilikum, gehackt
½ Pk. Rahmspinat (TK-Ware), aufgetaut
150 ml süße Sahne
2 EL geriebener Parmesan

1. Schalotten und Knoblauch in Öl andünsten. Mit Mehl bestäuben, mit 750 ml Wasser aufgießen, zum Kochen bringen und den Suppenwürfel darin auflösen.

2. Das Basilikum in die Suppe geben. Den Rahmspinat hinzufügen, aufkochen und pürieren. Die Sahne halb steif schlagen und die Suppe damit verfeinern. Auf 4 Teller verteilen und mit geriebenem Parmesan bestreut servieren.

Zubereitungszeit ca. 30 Minuten
Pro Portion ca. 1100 kJ / 260 kcal
E: 7 g, F: 23 g, KH: 8 g

Ferment
Getreide

Gemüseeintopf mit Mohn-Käse-Klößchen

Zutaten für 4 Personen

Für die Klößchen:

- 250 g Milch
- 50 g Butterschmalz
- 75 g Mohn
- ½ TL Salz
- 150 g Mehl
- 3 Eier
- 75 g deutscher Gouda, gerieben

Für die Gemüsesuppe:

- 250 g Brokkoli
- 200 g Zuckerschoten
- 30 g Butterschmalz
- 100 g Zwiebeln, gewürfelt
- 2 Knoblauchzehen, gewürfelt
- 1 EL Curry
- 1 TL Paprikapulver, edelsüß
- Salz, Pfeffer aus der Mühle
- 800 g Möhren, Kohlrabi und Kartoffeln, gewürfelt
- 1½ l Gemüsebrühe (Instant)
- 100 g TK-Erbsen, aufgetaut
- 200 ml süße Sahne
- 2 Bund Kerbel, Blättchen abgezupft

1. Für die Klößchen Milch, Schmalz, Mohn und Salz aufkochen. Das Mehl auf einmal zugeben und rühren, bis ein Kloß entsteht und sich am Boden ein weißer Belag bildet. Den Teig sofort mit 1 Ei verrühren, dann geriebenen Käse und die restlichen Eier nacheinander unterrühren.

2. Den Brokkoli putzen, waschen und in Röschen schneiden. Die Zuckerschoten putzen, waschen und je nach Größe halbieren.

3. Das Butterschmalz in einem Topf erhitzen. Die Zwiebeln und den Knoblauch darin glasig dünsten. Curry, Paprikapulver, Salz und Pfeffer kurz mitdünsten. Möhren, Kohlrabi und Kartoffeln zufügen, mit Gemüsebrühe ablöschen, etwa 8 Minuten köcheln lassen.

4. Inzwischen aus dem Mohnteig Nockerln abstechen und in siedendem Salzwasser etwa 10 Minuten ziehen lassen, bis sie oben schwimmen.

5. Brokkoli, Zuckerschoten und Erbsen zum Eintopf geben und weitere 7 Minuten köcheln lassen. Sahne, Kerbel und die Mohnklößchen zum Eintopf geben und kräftig abschmecken.

Zubereitungszeit ca. 1 Stunde
Pro Portion ca. 2655 kJ / 634 kcal
E: 22 g, F: 43 g, KH: 41 g

Beilagen und kleine Gerichte

Kartoffelküchlein mit Curry-Butter-Sauce

Zutaten für 4 Personen

3 mittelgroße, mehlig kochende Kartoffeln
Salz
70 ml Milch
3 EL Kartoffelstärke
4 Eier
1–3 EL süße Sahne
Pfeffer aus der Mühle
1 mittelgroße Zwiebel
250 ml trockener Weißwein
120 g kalte Butter
Saft von ½ Zitrone
½ TL Currypulver

1. Die Kartoffeln schälen, waschen, vierteln und in Salzwasser etwa 20 Minuten garen. Das Wasser abgießen und die Kartoffeln durch eine Kartoffelpresse drücken, mit der Milch und der Kartoffelstärke verrühren. Die Eier nacheinander einrühren, dann esslöffelweise so viel Sahne zugeben, bis der Teig cremig ist, mit Salz und Pfeffer würzen.

2. Die Zwiebel schälen und fein hacken, dann in dem Wein in einem kleinen Topf bei mittlerer Temperatur 5 Minuten dünsten, bis der Wein auf 1 Esslöffel eingekocht ist.
100 g Butter würfeln und mit einem Schneebesen einrühren. Mit Zitronensaft, Curry, Salz und Pfeffer abschmecken.

3. In einer großen, flachen Pfanne die restliche Butter erhitzen. Je 1 Esslöffel Teig hineingeben und kreisförmig verlaufen lassen. Die Küchlein kurz von jeder Seite anbraten, auf 4 Tellern anrichten und mit der Buttersauce umgießen.

Zubereitungszeit ca. 50 Minuten
Pro Portion ca. 1730 kJ / 410 kcal
E: 9 g, F: 33 g, KH: 19 g

Variation

Schneiden Sie 125 g Mozzarella in Scheiben und überbacken Sie die Küchlein damit in der Pfanne bei geschlossenem Deckel.

Gefüllte Folienkartoffeln (Foto)

Zutaten für 4 Personen

4 große Kartoffeln (à ca. 160 g)
1 große Möhre (ca. 100 g)
40 g Alfalfasprossen
200 g saure Sahne
70 g Kräuterbutter
Alufolie

1. Die Kartoffeln gründlich waschen und in Alufolie wickeln. Unter dem heißen Backofengrill etwa 40 Minuten garen.

2. Die Möhre putzen, schälen, waschen und grob raspeln. Die Sprossen waschen und abtropfen lassen. Die saure Sahne glatt rühren.

3. Die Kartoffeln aus der Folie nehmen, aufbrechen und die saure Sahne einfüllen. Möhrenraspel und Alfalfasprossen darüber streuen. Die Kräuterbutter mit einem Buntmesser in 8 Scheiben schneiden und jeweils 2 Scheiben auf jede Kartoffel geben.

Zubereitungszeit ca. 1 Stunde
Pro Portion ca. 1370 kJ / 330 kcal
E: 6 g, F: 21 g, KH: 27 g

Gemüse mit Käsesauce

Zutaten für 4 Personen

2 Fenchelknollen
1 grüne Zucchini
1 gelbe Zucchini
1 kg Brokkoli
4 weiße Rübchen
300 g Möhren
Salz
150 g Edelcreme (Schmelzkäse)
250 ml süße Sahne
weißer Pfeffer aus der Mühle
frisch geriebene Muskatnuss

1. Das Gemüse putzen und waschen. Fenchel, Zucchini und Brokkoli in mundgerechte Stücke schneiden. Rübchen und Möhren schälen und in Scheiben schneiden. Das Gemüse in kochendem Salzwasser in etwa 10 Minuten bissfest garen, abgießen und gut abtropfen lassen, warm stellen.

2. Den Käse in einem Topf unter Rühren in der Sahne auflösen, mit Salz, Pfeffer und Muskat abschmecken und über das Gemüse gießen.

Zubereitungszeit ca. 40 Minuten
Pro Portion ca. 1670 kJ / 400 kcal
E: 17 g, F: 28 g, KH: 20 g

Maiskolben mit Kressebutter (Foto)

Zutaten für 4 Personen

150 g Butter
1 Kästchen Kresse
2 Schalotten, gewürfelt
Salz
1 TL Zitronenpfeffer
½ TL Paprikapulver, edelsüß
8 Maiskolben
Alufolie

1. Die Butter schaumig rühren. Die Kresse abschneiden, waschen und trockentupfen. Die Schalottenwürfel mit der Kresse und den Gewürzen unter die Butter rühren. Butter auf einem Stück Alufolie zu einer Rolle formen, einwickeln und etwa 30 Minuten kühl stellen.

2. Die Maiskolben putzen, waschen und unter häufigem Wenden 12–15 Minuten auf einem Holzkohlengrill (oder 20–30 Minuten unter einem Elektrogrill) grillen. Die Kressebutter in Scheiben schneiden und auf den Maiskolben zerlassen.

Zubereitungszeit ca. 30 Minuten
(plus 30 Minuten Kühlzeit)
Pro Portion ca. 1990 kJ / 470 kcal
E: 8 g, F: 34 g, KH: 35 g

Blumenkohl mit Tomaten

Zutaten für 4 Personen

1 großer Blumenkohl
Salz
2 Knoblauchzehen, gewürfelt
2 Zwiebeln, gewürfelt
3 EL Olivenöl
4 Tomaten, gewürfelt
½ Dose geschälte Tomaten, abgetropft
125 ml Weißwein
Pfeffer aus der Mühle
frisch geriebene Muskatnuss
1 EL gehackte Petersilie

1. Den Blumenkohl vom Strunk befreien, in Röschen zerteilen, etwa 30 Minuten in Salzwasser legen.

2. Einen Römertopf etwa 10 Minuten wässern. Knoblauch und Zwiebeln im heißen Öl andünsten. Blumenkohl darin unter Rühren einige Minuten anbraten, dann alles in den Römertopf geben. Den Backofen auf 200 °C vorheizen.

3. Danach Tomaten und Dosentomaten zum Blumenkohl geben, Wein dazugießen, salzen, pfeffern und mit Muskat bestreuen. Den Topf schließen und das Gericht im vorgeheizten Ofen etwa 50 Minuten garen. Mit Petersilie bestreut servieren.

Zubereitungszeit ca. 1¼ Stunde
(plus 30 Minuten Zeit zum Einlegen)
Pro Portion ca. 600 kJ / 140 kcal
E: 5 g, F: 8 g, KH: 8 g

Raffiniert Gefülltes

Gefüllte Pfannkuchen mit Mangold und Nüssen

Zutaten für 4 Personen

- 4 Eier
- 180 ml Milch
- 150 g Mehl
- 80 g Butter und Butter für die Form
- 750 g Mangold
- Salz
- 1 Zwiebel
- 1 Knoblauchzehe
- 100 g Walnusskerne
- 250 g reifer Camembert
- 70 ml süße Sahne
- Pfeffer aus der Mühle
- frisch geriebene Muskatnuss

1. Eier, Milch, Mehl und 40 g Butter in einer Schüssel zu einem Teig verrühren und etwa 30 Minuten ruhen lassen.
2. Die Mangoldblätter vom Strunk abschneiden, waschen und in breite Streifen schneiden. In kochendem Salzwasser blanchieren und gut ausdrücken.
3. Die Zwiebel und den Knoblauch schälen und fein hacken. Beides in 20 g Butter glasig dünsten. Den Mangold dazugeben und 8–10 Minuten mitdünsten. Die Walnusskerne hacken und zum Schluss untermischen.
4. In einer Pfanne die restliche Butter erhitzen und bei mittlerer Temperatur 8 dünne Pfannkuchen aus dem Teig backen.
5. Den Backofen auf 200 °C vorheizen. Den Käse entrinden, würfeln und die Hälfte davon unter den Mangold mischen. Die Pfannkuchen damit füllen, zusammenrollen und in eine gebutterte Gratinform legen.
6. Den restlichen Käse mit der Sahne verrühren, mit Salz, Pfeffer und Muskatnuss würzen und über die Pfannkuchen gießen. Auf mittlerer Einschubleiste etwa 25 Minuten überbacken.

Zubereitungszeit ca. 1 Stunde
Pro Portion ca. 3440 kJ / 820 kcal
E: 33 g, F: 60 g, KH: 39 g

Tipp

Will man die dicken weißen Stiele zusammen mit den Mangoldblättern zubereiten, sollte man sie in feine Streifen schneiden, damit alles gleichzeitig gar wird.

Südamerikanische Pilz-Empanadas

Zutaten für 4 Personen

400 g fein gemahlenes Dinkel-Vollkornmehl
2 TL Meersalz
4 EL Sonnenblumenöl
500 g Champignons
1 TL Butter
½ TL getr. Thymian
1 EL fein gehacktes Basilikum
Kräutersalz
Pfeffer aus der Mühle
100 g Kräuterfrischkäse
50 g schwarze Oliven
Mehl für die Arbeitsfläche
1 Ei
500–750 ml „Heiße Küche" Brat- und Frittieröl

1. Das Mehl in eine Schüssel geben, mit Meersalz, Öl und so viel Wasser verkneten, dass ein geschmeidiger Teig entsteht.

2. Die Champignons putzen und in feine Scheiben schneiden. Die Butter in einer Pfanne erhitzen, die Pilze und den Thymian hineingeben. Mit Basilikum, Kräutersalz und Pfeffer abschmecken. Die Pilze etwas abkühlen lassen, dann den Kräuterfrischkäse hinzufügen. Die Oliven eventuell entsteinen und fein hacken, unterziehen.

3. Den Teig auf einer bemehlten Arbeitsfläche dünn ausrollen und in Rechtecke von 10 × 12 cm schneiden. Das Ei trennen, das Eigelb verquirlen. Die Ränder der Rechtecke mit Eiweiß bestreichen. Jeweils etwas von der Pilzfüllung in die Mitte der Rechtecke setzen, diese links und rechts einschlagen und zu Taschen formen. Den Teig an den Rändern gut festdrücken.

4. Die Taschen mit dem Eigelb bestreichen. Einen großen, flachen Topf oder eine Fritteuse zu ⅓ mit Öl füllen und dieses auf 170–190 °C erhitzen. Die Taschen hineingeben und goldbraun frittieren. Auf Küchenkrepp abtropfen lassen und warm servieren.

Zubereitungszeit ca. 50 Minuten
Pro Portion ca. 1180 kJ / 280 kcal
E: 7 g, F: 15 g, KH: 29 g

Gemüsestrudel mit Käse-Kräuter-Sauce

Zutaten für 4 Personen

350 g Brokkoli

1 EL Butter oder Margarine

3 Möhren, in feinen Stiften

1 kleiner Kohlrabi, in feinen Stiften

200 g frische Erbsen, gepalt

400 g Edelcreme „Kräuter" (Schmelzkäse)

1 Ei (M)

Salz, weißer Pfeffer aus der Mühle

450 g TK-Strudel- oder Blätterteig, aufgetaut

400 ml Milch

2–3 TL körniger Dijon-Senf

Saft und etwas abgeriebene Schale von ½ unbehandelten Zitrone

etwas gehackter Estragon

Backpapier

1. Brokkoli putzen, waschen, in Röschen teilen, dicke Stiele schälen und klein schneiden. Fett in einem Topf erhitzen, Möhren und Kohlrabi darin andünsten. 3 Esslöffel Wasser zugeben und zugedeckt bei schwacher Hitze etwa 2 Minuten dünsten. Brokkoli und Erbsen zugeben, weitere 4 Minuten zugedeckt dünsten.

2. 200 g Käse und das Ei verquirlen, unter das Gemüse rühren, alles mit Salz und Pfeffer würzen.

3. Den Backofen auf 180 °C vorheizen. Die Teigplatten etwas überlappend nebeneinander legen und dünn ausrollen. Das Gemüse auf dem Teig verteilen, einen etwa 3 cm breiten Rand freilassen. Den Teig zu einem Strudel zusammenrollen, die Seiten fest einschlagen.

4. Den Strudel auf ein mit Backpapier ausgelegtes Backblech legen und etwa 30 Minuten im vorgeheizten Ofen goldbraun backen.

5. Milch erhitzen, restlichen Käse darin schmelzen. Die Sauce mit Senf, Pfeffer, Zitronensaft, -schale und Estragon abschmecken. Den Strudel aus dem Backofen nehmen, kurz ruhen lassen. Den Strudel aufschneiden und mit der Sauce anrichten.

Zubereitungszeit ca. 1 Stunde
Pro Portion ca. 3460 kJ / 830 kcal
E: 24 g, F: 52 g, KH: 56 g

Tipp

Beim Palen entsteht viel Abfall: um 200 g Erbsen zu erhalten, müssen Sie etwa 700 g Erbsenschoten kaufen. Wer sich nicht so viel Arbeit machen will, nimmt tiefgekühlte Erbsen.

Spinatpastete

Zutaten für 4 Personen

600 g Spinat
5 EL Olivenöl
1 große Zwiebel, fein gehackt
1–2 Knoblauchzehen, fein gehackt
je 1 Bund Petersilie und Dill, fein gehackt
3 Eier (M)
200 g griechischer Schafskäse (Feta)
Salz, Pfeffer aus der Mühle
frisch geriebene Muskatnuss
250 g TK-Blätterteig, aufgetaut

1. Den Spinat putzen, waschen, abtropfen lassen und grob hacken. 4 Esslöffel Öl in einem großen Topf erhitzen, Zwiebel und Knoblauch darin glasig dünsten, Spinat zufügen. Den Deckel auflegen und den Spinat zusammenfallen lassen. Die Kräuter zugeben. Alles so lange kochen, bis die Flüssigkeit fast verdampft ist. Den Spinat in eine Schüssel umfüllen, etwas abkühlen lassen. Den Backofen auf 200 °C vorheizen.

2. 2 Eier verquirlen, den Käse zerbröckeln, beides unter den Spinat mischen. Mit Salz, Pfeffer und Muskat würzen.

3. Ein Backblech mit dem restlichen Olivenöl fetten. Das übrige Ei trennen, das Eigelb verquirlen. Die Blätterteigstücke auf einer Arbeitsfläche aufeinander legen und zu einem Rechteck in der Größe des Blechs ausrollen. Die Spinatmasse auf eine Hälfte der Teigplatte geben. Den Rand mit Eiweiß einpinseln und die unbelegte Hälfte über die gefüllte schlagen. Die Ränder zusammendrücken, die Oberfläche mit dem Eigelb bestreichen.

4. Die Spinatpastete im vorgeheizten Backofen erst 10 Minuten auf der untersten, dann 20–25 Minuten auf der mittleren Einschubleiste backen, bis die Oberfläche gebräunt ist.

Zubereitungszeit ca. 1 Stunde
Pro Portion ca. 2290 kJ / 550 kcal
E: 20 g, F: 41 g, KH: 24 g

Auberginenröllchen in Tomatensauce

Zutaten für 4 Personen

3 mittelgroße Auberginen
Salz
1 große Dose geschälte Tomaten (850 ml EW)
500 g Bandnudeln
1 Becher Frischkäse mit feinen Kräutern der Provence (150 g)
8 EL Olivenöl
1 Zwiebel, gewürfelt
1 Knoblauchzehe, gewürfelt
100 ml Rotwein
Pfeffer aus der Mühle
Zucker
½ Bund Basilikum
Holzspießchen

1. Die Auberginen putzen, waschen und der Länge nach in 2 mm dicke Scheiben schneiden. Mit Salz bestreuen und etwa 20 Minuten ziehen lassen.

2. Die Tomaten abgießen und grob hacken. Die Bandnudeln in reichlich kochendem Salzwasser bissfest garen.

3. Die Auberginenscheiben abspülen und trockentupfen, mit dem Frischkäse bestreichen und fest zusammenrollen. Die Röllchen mit Holzspießchen feststecken, im heißen Olivenöl rundherum braun braten, herausnehmen. Die Holzspießchen entfernen und die Auberginen beiseite stellen.

4. Die Zwiebel- und die Knoblauchwürfel im verbliebenen Öl andünsten. Die Tomaten und den Rotwein zufügen und alles etwa 5 Minuten durchschmoren lassen. Mit Salz, Pfeffer und Zucker abschmecken.

5. Die Auberginenröllchen in die Tomatensauce geben und darin erwärmen. Das Basilikum waschen und trockentupfen. Die Nudeln abgießen und auf einer Platte anrichten. Die Auberginenröllchen mit der Tomatensauce auf den Nudeln verteilen und mit Basilikumblättchen bestreut servieren.

Zubereitungszeit ca. 45 Minuten
Pro Portion ca. 3253 kJ / 778 kcal
E: 21 g, F: 34 g, KH: 94 g

Tipp

Die Auberginen längs in Scheiben schneiden – das geht am einfachsten mit einer Brotschneidemaschine. Alternativ nimmt man ein möglichst großes und scharfes Küchenmesser.

Pastete mit pikanter Paprika-Füllung

Zutaten für 4 Personen

5 EL Öl

700 g Zwiebeln, in Streifen

600 g bunte Paprikaschoten, fein gewürfelt

Paprikapulver, edelsüß

1 TL Kümmelkörner

1 Knoblauchzehe, gehackt

½ Bund Thymian, gehackt

2 EL Paniermehl

200 ml süße Sahne

Salz

Cayennepfeffer

250 g deutscher Gouda, fein gewürfelt

1 Bund Petersilie, grob gehackt

450 g TK-Blätterteig, aufgetaut

Mehl für die Arbeitsfläche

1 Ei (M), getrennt

Backpapier

1. Das Öl in einer großen Pfanne oder einem Bräter erhitzen, die Zwiebeln darin 10 Minuten dünsten. Die Paprikawürfel dazugeben und mit Paprikapulver, Kümmel, Knoblauch und Thymian würzen. Weiter offen schmoren, bis die gesamte Flüssigkeit verdunstet ist.

2. Paniermehl und Sahne zugeben und 1 Minute kochen lassen. Die Pfanne vom Herd nehmen, mit Salz und Cayenne abschmecken und abkühlen lassen. Gouda und Petersilie untermischen.

3. Den Backofen auf 200 °C vorheizen. Die Blätterteigplatten auf einer bemehlten Arbeitsfläche so zu einem Rechteck zusammensetzen, dass sich ihre Längsseiten leicht überlappen. Mit einem Wellholz etwas glatt rollen. Die Füllung auf den Teig geben, dabei links und rechts einen Rand von etwa 2 cm freilassen und den Teig zusammenrollen. Die seitliche Naht und die Enden der Pastete mit Eiweiß bestreichen und festdrücken.

4. Die Pastete mit Eigelb bestreichen und auf ein mit Backpapier ausgelegtes Blech legen. Im vorgeheizten Backofen auf der zweiten Einschubleiste von unten 35 Minuten backen.

Zubereitungszeit ca. 1½ Stunden
Pro Portion ca. 4340 kJ / 1040 kcal
E: 30 g, F: 75 g, KH: 62 g

Gefüllte Zucchiniröllchen mit Tomatensugo

Zutaten für 4 Personen

Für die Röllchen:

- je 2 gelbe und grüne Zucchini (à 250 g)
- 4 EL Olivenöl
- Salz, Pfeffer aus der Mühle
- 60 g Pinienkerne
- je 1 Bund Basilikum und glatte Petersilie, fein gehackt
- 1 Schalotte, fein gewürfelt
- 2 Knoblauchzehen, fein gewürfelt
- 125 g Mozzarella, fein gewürfelt
- 50 g Parmesan, gerieben
- 200 g Doppelrahm-Frischkäse
- 1 EL Paniermehl
- Küchengarn

Für den Tomatensugo:

- 1 EL Olivenöl
- 1 Schalotte, gewürfelt
- 500 g Tomaten, enthäutet und gehackt
- ½ Bund Salbei, gehackt, sowie einige Blättchen zum Garnieren
- Salz, Pfeffer aus der Mühle
- 1 Prise Zucker
- 2–3 TL Essigessenz
- 125 ml Gemüsebrühe

1. Die Zucchini putzen, waschen und längs in je 8 dünne Scheiben schneiden. Randscheiben fein hacken und beiseite legen, die übrigen Scheiben portionsweise im heißen Öl anbraten. Mit Salz und Pfeffer würzen.

2. Die Pinienkerne ohne Fett in einer Pfanne goldbraun rösten, abkühlen lassen und $^2/_3$ grob zerkleinern, den Rest beiseite stellen. Gehackte Kerne mit Kräutern, Schalotte, Knoblauch, Mozzarella, Parmesan, Frischkäse und Paniermehl verrühren, dann salzen und pfeffern.

3. Je 1 grüne und gelbe Zucchinischeibe aufeinander legen, die Käsemasse darauf verteilen. Die Scheiben zusammenrollen und mit Küchengarn festbinden.

4. Für den Sugo Olivenöl erhitzen, Schalotte darin glasig dünsten. Tomaten, Zucchiniwürfel, gehackten Salbei, Salz, Pfeffer, Zucker, Essigessenz und Gemüsebrühe zugeben und aufkochen lassen. Zugedeckt etwa 5 Minuten köcheln. Die Zucchiniröllchen auf den Schnittkanten in den Sugo stellen und weitere 5 Minuten köcheln.

5. Die Röllchen mit dem Tomatensugo anrichten, mit den restlichen Pinienkernen und einigen Salbeiblättchen verzieren.

Zubereitungszeit ca. 1 Stunde
Pro Portion ca. 2490 kJ / 590 kcal
E: 25 g, F: 48 g, KH: 15 g

Nudel-Gemüse-Rolle mit Austernpilzragout

Zutaten für 4 Personen

12 Lasagneplatten (320 g)
Salz
400 g Möhren, in Scheiben
25 g Amaranth
150 ml süße Sahne
110 g Weizenmehl
400 g Zucchini, in Scheiben
80 g TK-Spinat, aufgetaut
10 g Haferflocken
100 g körniger Frischkäse
Salz, Pfeffer aus der Mühle
400 g Austernpilze, in Stücken
1 EL Öl
10 g Butter
1–2 TL Gemüsebrühe (Instant)
½ Bund Schnittlauch, in Röllchen
Backpapier

1. Lasagne in Salzwasser bissfest garen, abtropfen lassen. Je 2 Platten mit der kurzen Seite aneinander auf ein feuchtes Tuch legen, je 1 Platte auf die Naht legen, je 1 Platte halbieren und auf die erste Lage legen.

2. Möhren mit Amaranth und 4 Esslöffeln Wasser 35 Minuten garen. Wasser verdampfen lassen, Möhren pürieren, 4 Esslöffel Sahne und 50 g Mehl zufügen und ausquellen lassen. Zucchini mit 4 Esslöffeln Sahne aufkochen, Spinat zufügen, 2 Minuten dünsten, Wasser verdampfen lassen, Zucchini pürieren und Haferflocken sowie 50 g Mehl zufügen und ausquellen lassen. Je die Hälfte des Frischkäses mit etwas Salz und Pfeffer unter die Gemüsemassen rühren. Backofen auf 150 °C vorheizen.

3. Erst die Möhren, dann die Zucchini auf den Nudeln verstreichen, diese zusammenrollen und in je 4 Scheiben schneiden. Auf einem mit Backpapier ausgelegten Blech im vorgeheizten Ofen etwa 7 Minuten erwärmen.

4. Pilze im Fett andünsten, mit restlichem Mehl bestäuben, restliche Sahne und 125 ml Wasser zufügen, einige Minuten dünsten und mit Brühe und Pfeffer abschmecken. Die Nudelrollen mit den Austernpilzen auf Tellern anrichten und mit Schnittlauch bestreut servieren.

Zubereitungszeit ca. 1¼ Stunden
Pro Portion ca. 605 kcal / 2535 kJ
E: 22 g, F: 18 g, KH: 87 g

Nudeln
machen
glücklich

Aus Topf und Pfanne

Gemüsespaghetti in Thymiansauce

Zutaten für 4 Personen

70 g Butter

1 Zwiebel, fein gewürfelt

100 ml trockener Weißwein

200 ml süße Sahne

7 Thymianzweige, Blättchen abgezupft

5 große Möhren

4 Zucchini

Salz, Pfeffer aus der Mühle

1 Tomate, enthäutet, entkernt und gewürfelt

10 Basilikumblätter, in Streifen

1. 20 g Butter in einem mittelgroßen Topf erhitzen, die Zwiebelwürfel darin zugedeckt bei mittlerer Temperatur 10 Minuten dünsten. Den Wein zufügen, aufkochen lassen und 3 Minuten unter Rühren einkochen lassen.

2. Die Sahne und Blätter von 5 Thymianzweigen zufügen, kurz aufkochen und bei mittlerer Temperatur 15 Minuten eindicken lassen.

3. Die Möhren putzen, schälen, waschen, die Zucchini putzen und waschen. Beides zuerst in dünne Längsscheiben und dann in dünne Längsstreifen („Spaghetti") schneiden. Das Gemüse blanchieren und abschrecken.

4. Restliche Butter in einer Pfanne erhitzen, die Gemüsestreifen darin bei mittlerer Temperatur 2 Minuten dünsten. Den restlichen Thymian hinzufügen und mit Salz und Pfeffer abschmecken.

5. Die Möhren- und Zucchinistreifen mit den Tomatenwürfeln mischen, in eine Schüssel geben und wie Spaghetti auf einer Gabel aufrollen, so dass „Nester" entstehen. Auf Tellern anrichten, mit der Sauce übergießen und mit dem Basilikum bestreuen.

Zubereitungszeit ca. 50 Minuten
Pro Portion ca. 1450 kJ / 350 kcal
E: 5 g, F: 31 g, KH: 13 g

Rohkost mit Sprossen-Käse-Dip

Zutaten für 4 Personen

300 g Edelcreme „Sahne" (Schmelzkäse)
100 ml Milch
1 TL geriebener Meerrettich
Pfeffer aus der Mühle
25 g Radieschensprossen
1 kleine Frühlingszwiebel, fein gehackt
1 Bund junge Möhren, in Stiften
1 kleine Staude Staudensellerie, in Stiften
1 Salatgurke, in Stiften

1. Schmelzkäse und Milch in einem kleinen Topf bei schwacher Hitze unter Rühren schmelzen, dann abkühlen lassen. Mit Meerrettich und Pfeffer würzen. Sprossen waschen und abtropfen lassen, mit Frühlingszwiebeln unter die Käsecreme ziehen.

2. Möhren-, Sellerie- und Gurkenstifte mit der Käsecreme anrichten. Dazu passt Nussbrot.

Zubereitungszeit ca. 30 Minuten
Pro Portion ca. 280 kJ / 1160 kcal
E: 4 g, F: 24 g, KH: 8 g

Tipp

Sprossen sind besonders in den Wintermonaten wertvolle Vitaminlieferanten. Jedes Samenkorn enthält in konzentrierter Form die Nährstoffe, die zur Bildung einer neuen Pflanze erforderlich sind. Während des Keimprozesses entfaltet sich eine unglaubliche Aktivität im Samenkorn. Dabei vervielfacht sich der Vitamingehalt – darum sind Sprossen besonders wertvolle Vitaminlieferanten. Vor allem in den Wintermonaten sollten sie öfter auf dem Speiseplan stehen. In Bioläden und Reformhäusern erhalten Sie eine Auswahl verschiedener Sprossen. Dort können Sie auch Samen zum Keimen kaufen, z. B. Alfalfa, Linsen oder Rettich. Die Geschmacksrichtungen reichen von frisch und eher neutral bis scharf. Die hier verwendeten Radieschensprossen schmecken würzig bis scharf.

Gemüse-Serviettenknödel mit Käsesauce

Zutaten für 4 Personen

Für den Gemüse-Serviettenknödel:

4 altbackene Brötchen
250 ml warme Milch
1 Zwiebel
2 Möhren
100 g Champignons
100 g Brokkoli
200 g Blattspinat
100 g junge Erbsen (TK-Ware), aufgetaut
2 EL Butter
2 Eier
1 Bund glatte Petersilie, fein gehackt
Salz, Pfeffer aus der Mühle

Für die Sauce:

200 g Butterkäse
250 ml Brühe
1 EL Speisestärke
200 ml süße Sahne
Salz, Pfeffer aus der Mühle
½ Bund glatte Petersilie, fein gehackt

1. Die Brötchen klein schneiden und in der Milch einweichen. Die Zwiebel schälen und fein würfeln. Möhren putzen, schälen, waschen und in 1 cm große Würfel schneiden. Champignons putzen und in grobe Stücke schneiden. Brokkoli putzen, waschen und in Röschen teilen. Spinat putzen und waschen.

2. Brokkoli und Spinat blanchieren und abschrecken. Zwiebel, Möhren, Champignons und Erbsen und in der heißen Butter bissfest dünsten. Die Brötchen ausdrücken. Gemüse mit Brötchen, Eiern und Petersilie gut vermengen, mit Salz und Pfeffer würzen.

3. Die Masse auf ein Geschirrtuch geben, dieses zu einem Bündel zusammenschnüren. In einem großen Topf in leicht siedendem Wasser etwa 30 Minuten garen.

4. Für die Sauce den Käse reiben, die Brühe aufkochen. Die Speisestärke mit etwas Wasser anrühren und hineingeben. Die Sahne und den Käse zufügen und kräftig mit Salz und Pfeffer würzen. Die Petersilie zum Schluss zufügen. Den Serviettenknödel herausnehmen, in Scheiben schneiden und mit der Käsesauce auf Tellern anrichten.

Zubereitungszeit ca. 1 Stunde
Pro Portion ca. 2903 kJ / 693 kcal
E: 37 g, F: 40 g, KH: 45 g

Ratatouille

Zutaten für 4 Personen

1 kg Tomaten
2 Auberginen
5 kleine Zucchini
12 EL Olivenöl
2 Zwiebeln, in Ringen
4 Paprikaschoten, in Streifen
4 Knoblauchzehen, gehackt
1 Gewürzsträußchen (je 4 Petersilien- und Thymianstängel, 2 Stücke Staudensellerie, 2 Lorbeerblätter)
ca. 3 EL Rotweinessig
Salz, Pfeffer aus der Mühle
4 EL Koriandersamen

1. Die Tomaten überbrühen, abschrecken, enthäuten, entkernen und würfeln. Die Aubergine und die Zucchini putzen, waschen, trockentupfen und in Würfel bzw. Scheiben schneiden.

2. In einer Pfanne mit hohen Rand 4 Esslöffel Öl erhitzen. Die Zwiebelringe darin glasig braten. Dann Paprika und Knoblauch zufügen, unter Rühren 5 Minuten garen. Tomaten dazugeben, Gemüse weitere 5 Minuten schmoren.

3. In einer zweiten Pfanne Auberginenwürfel und Zucchinischeiben nacheinander in je 4 Esslöffel Öl goldbraun anbraten. Das Gemüse auf Küchenkrepp abtropfen lassen. Das Gewürzsträußchen waschen und trockentupfen. Zum Tomaten-Paprika-Gemüse geben. Mit Essig, Salz und Pfeffer würzen, in der zugedeckten Pfanne bei kleiner Hitze etwa 20 Minuten schmoren.

4. Inzwischen den Koriander in einer Pfanne ohne Fett anrösten, dann zerdrücken.

5. Das Gewürzsträußchen entfernen und das Ratatouille mit dem Koriander bestreuen, warm oder kalt servieren. Dazu schmeckt Baguette oder Salzkartoffeln.

Zubereitungszeit ca. 50 Minuten
Pro Portion ca. 1880 kJ / 440 kcal
E: 10 g, F: 32 g, KH: 26 g

Geschmorter Tofu (Foto)

Zutaten für 4 Personen

- 500 g Tofu
- 500 ml Öl zum Frittieren
- 3 EL Sojaöl
- 4 Schalotten, fein gewürfelt
- 4 Knoblauchzehen, fein gewürfelt
- je 1 rote und gelbe Paprika, in sehr feinen Streifen
- 2–3 TL Sambal Oelek
- 2 TL Sojasauce
- 2 TL Korianderpulver
- 1 TL Essigessenz
- Salz, 1 TL Zucker
- Kräuter zum Garnieren

1. Den Tofu in Würfel von 1 × 1 cm schneiden. Das Öl in einem Topf oder einer Fritteuse erhitzen. Den Tofu darin portionsweise goldbraun frittieren und auf Küchenkrepp abtropfen lassen.

2. Das Sojaöl in einer Pfanne erhitzen, Schalotten und Knoblauch darin anbraten. Paprika und Gewürze unterrühren, 5 Minuten dünsten. 200 ml Wasser zugießen, die Tofuwürfel untermischen und alles weitere 10 Minuten dünsten. Mit Salz und etwas Zucker abschmecken, mit Kräutern bestreut servieren. Dazu passt Reis.

Zubereitungszeit ca. 45 Minuten
Pro Portion ca. 1030 kJ / 250 kcal
E: 15 g, F: 17 g, KH: 8 g

Gemüsepuffer mit Spinatfüllung

Zutaten für 4 Personen

- 2 Zwiebeln
- 25 g Margarine
- 1 Pk. TK-Blattspinat (300 g), aufgetaut
- 200 g Edelcreme „Knoblauch“ (Schmelzkäse)
- Salz, weißer Pfeffer aus der Mühle
- 8 mittelgroße Kartoffeln
- 1 große Möhre
- 1 Ei
- 3 EL kernige Haferflocken
- 3 EL Öl

1. Die Zwiebeln schälen. 1 Zwiebel fein würfeln und im Fett andünsten. Spinat zufügen und dünsten, bis die Flüssigkeit verdampft ist. Den Käse zufügen und alles erwärmen, bis der Käse geschmolzen ist. Mit Salz und Pfeffer abschmecken.

2. Kartoffeln und Möhre schälen und waschen, mit restlicher Zwiebel fein raspeln. Ei, Haferflocken und ½ Teelöffel Salz unterrühren. Das Öl in einer großen Pfanne erhitzen und dann aus dem Kartoffel-Möhren-Teig 8 Puffer knusprig braun backen. Auf 4 Puffer die Spinat-füllung verteilen, mit den restlichen abdecken.

Zubereitungszeit ca. 50 Minuten
Pro Portion ca. 1353 kJ / 325 kcal
E: 15 g, F: 17 g, KH: 28 g

Spaghetti-Bratlinge mit Ofentomaten und Paprikasauce

Zutaten für 4 Personen

Für die Bratlinge:

- 200 g Vollkornspaghetti
- Salz
- 1 Zwiebel, gewürfelt
- 10 g Butter
- 250 ml Gemüsebrühe (Instant)
- 100 g zarte Haferflocken
- Kräutersalz
- 150 g Paniermehl
- 4 EL Sonnenblumenöl
- 100 g Ricotta
- 100 g Butterkäse, fein gerieben

Für das Gemüse und die Sauce:

- 400 g Brokkoli
- 500 g Fleischtomaten
- Salz, Pfeffer aus der Mühle
- 20 g Butter
- 1 Zwiebel, gewürfelt
- 1 EL Weizenmehl (Type 405)
- 60 ml süße Sahne
- 400 g gelbe Paprikaschoten, gewürfelt
- ½ Bund Petersilie, gehackt
- 40 g Sesam, geröstet

1. Die Spaghetti in Salzwasser etwa 7 Minuten garen, dann abtropfen lassen. Zwiebel in der Butter andünsten, Brühe und Haferflocken zufügen. Auf der ausgeschalteten Herdplatte 5 Minuten quellen lassen, mit Kräutersalz würzen.

2. Hafermasse und Nudeln verkneten und zu 12 Bratlingen formen. In Paniermehl wenden, im heißen Öl anbraten. Mulden hineindrücken und mit Ricotta füllen. Mit dem Butterkäse bestreuen und in der geschlossenen Pfanne zerlassen.

3. Brokkoli waschen und in Röschen teilen. Mit den Tomaten etwa 3 Minuten blanchieren und abschrecken. Tomaten aushöhlen und mit Brokkoli füllen, salzen, pfeffern und die Hälfte der Butter darauf verteilen.

4. Backofen auf 150 °C vorheizen. Zwiebel in restlicher Butter andünsten, mit Mehl bestäuben, Sahne und 4 Esslöffel Wasser angießen. Paprika zugeben und alles etwa 4 Minuten garen, dann pürieren. Sauce durch ein Sieb streichen, abschmecken und warm halten.

5. Tomaten und Bratlinge im vorgeheizten Ofen etwa 5 Minuten erwärmen. Bratlinge mit Petersilie und Tomaten mit Sesam bestreuen und mit der Sauce servieren.

Zubereitungszeit ca. 1½ Stunden
Pro Portion ca. 3602 kJ / 860 kcal
E: 30 g, F: 43 g, KH: 87 g

Aus dem Ofen

Tomaten-Porree-Auflauf

Zutaten für 4 Personen

400 g Kartoffeln, vorwiegend fest kochend

Salz

3 Stangen Porree (ca. 750 g)

500 g Tomaten

125 ml Milch

30 g Butter

Pfeffer aus der Mühle

1 Prise frisch geriebene Muskatnuss

200 g deutscher Gouda (48 % F. i. Tr.)

1 Bund glatte Petersilie

1 Ei

Butter für die Form

1. Die Kartoffeln schälen, waschen und würfeln. In 250 ml leicht gesalzenem Wasser etwa 10 Minuten kochen.

2. Den Porree putzen, in etwa 1 cm dicke Ringe schneiden und waschen. In Salzwasser 2–3 Minuten blanchieren. Auf einem Sieb abgießen und abtropfen lassen. Die Tomaten waschen, von den Stielansätzen befreien und in Scheiben schneiden.

3. Milch und Butter zu den Kartoffeln ins Kochwasser geben. Die Kartoffeln darin mit einem Kartoffelstampfer zerdrücken, mit Pfeffer und Muskat abschmecken. Den Gouda grob reiben und 2/3 unter die Kartoffelmasse rühren.

4. Den Backofen auf 225 °C vorheizen. Die Petersilie abspülen, trockentupfen und hacken. Die Petersilie und das Ei unter das Kartoffelpüree rühren. Den Porree in eine leicht gebutterte Auflaufform geben. Die Tomaten dachziegelartig darauf schichten. Darauf das Kartoffelpüree glatt streichen, mit dem restlichen Käse bestreuen. Den Auflauf im vorgeheizten Backofen 25–30 Minuten überbacken.

Zubereitungszeit ca. 1 Stunde
Pro Portion ca. 1700 kJ / 410 kcal
E: 21 g, F: 25 g, KH: 23 g

Variation

Bereiten Sie den Auflauf mit Chicorée anstatt mit Porree zu. Die Chicoréestauden werden vom bitteren Strunk befreit, in Streifen geschnitten und 1 Minute blanchiert.

Gefüllte Kohlblätter auf Rieslingsauce

Zutaten für 4 Personen

1 junger Weißkohl
175 g Langkornreis
Salz, Pfeffer aus der Mühle
frisch geriebene Muskatnuss
2 kleine Zwiebeln
250 g Blattspinat
70 g Butter
1 EL Paniermehl
200 ml süße Sahne
5 Möhren
2 TL Thymianblättchen
1 Lorbeerblatt
125 ml trockener Riesling
Küchengarn

1. Vom Weißkohl die Blätter lösen und waschen. Etwa 6 Minuten blanchieren und auf einem Küchentuch abtropfen lassen. Den Reis nach Packungsanweisung garen und mit Salz, Pfeffer und Muskat abschmecken.

2. 1 Zwiebel schälen und klein hacken. Den Spinat waschen, entstielen und grob hacken. In einer großen Pfanne 50 g Butter erhitzen und die Zwiebel darin glasig dünsten. Den Spinat zugeben, unter ständigem Umrühren etwa 2 Minuten dünsten, mit Pfeffer und Salz würzen. Paniermehl, Reis und 3 Esslöffel Sahne einrühren und abkühlen lassen.

3. Die Kohlblätter mit der Reis-Spinat-Mischung füllen und mit Küchengarn zubinden.

4. Die zweite Zwiebel in Ringe schneiden, die Möhren putzen, schälen, waschen und in Scheiben schneiden. Den Backofen auf 180 °C vorheizen. Eine flache Auflaufform mit der restlichen Butter ausfetten, mit Zwiebeln und Möhren auslegen. Thymian, Lorbeer und die Kohlrouladen hineinlegen. Mit etwa 50 ml Wasser, der restlichen Sahne und dem Wein auffüllen. Im vorgeheizten Backofen etwa 25 Minuten garen. Die gefüllten Kohlblätter mit der Sauce anrichten.

Zubereitungszeit ca. 55 Minuten
Pro Portion ca. 2240 kJ / 540 kcal
E: 9 g, F: 32 g, KH: 51 g

Brokkoli-Tomaten-Quiche

Zutaten für 4 Personen

Für den Teig:

250 g Mehl

125 g Gorgonzola-Butter (a. d. Kühlregal)

1 Ei

1 Prise Salz

Für den Belag:

1 kg Brokkoli

Salz

5 EL Gorgonzola-Butter (a. d. Kühlregal)

Pfeffer aus der Mühle

500 g Fleischtomaten

3 Kugeln Mozzarella (375 g)

2 Bund glatte Petersilie

2 Knoblauchzehen

1. Alle Teigzutaten mit den Knethaken des Handrührgerätes zu einem geschmeidigen Teig verarbeiten, 30 Minuten kühl stellen.

2. Den Brokkoli in Röschen teilen, waschen und abtropfen lassen. Die dicken Stängel schälen und klein würfeln. Den Brokkoli in kochendem Salzwasser 3 Minuten blanchieren, abschrecken und abtropfen lassen.

3. 4 Esslöffel Gorgonzola-Butter in einer breiten Pfanne erhitzen, den Brokkoli darin schwenken, salzen und pfeffern und aus der Pfanne nehmen.

4. Die Tomaten überbrühen, abschrecken, enthäuten, entkernen und in kleine Würfel schneiden. Den Mozzarella würfeln. Die Petersilie waschen, trockentupfen und im Mixer pürieren. Die Knoblauchzehen schälen und durchpressen. Tomaten, Mozzarella, Püree und Knoblauch mischen und mit Salz und Pfeffer würzen.

5. Den Backofen auf 200 °C vorheizen. Eine ofenfeste Form (26 cm ø) mit der restlichen Gorgonzola-Butter ausfetten. Den Teig ausrollen, in die Form legen und einen 3–4 cm hohen Rand formen. Mit dem Brokkoli belegen und die Tomatenmischung darauf verteilen. Die Quiche im vorgeheizten Backofen etwa 40 Minuten backen.

Zubereitungszeit ca. 1¼ Stunden (plus 30 Minuten Kühlzeit)
Pro Portion ca. 3500 kJ / 840 kcal
E: 37 g, F: 51 g, KH: 56 g

Deftiger Kartoffelauflauf (Foto)

Zutaten für 4 Personen

1 Stange Porree

Salz

10 g Butter

800 g Kartoffeln, gegart und in Scheiben

1 große Zucchini, in Scheiben

2 Fleischtomaten, in Scheiben

150 g Landrahm

5 EL Milch

1 Ei

weißer Pfeffer aus der Mühle

frisch geriebene Muskatnuss

100 g Käse, gerieben

1. Den Porree putzen, in Streifen schneiden, waschen und einige Minuten in Salzwasser blanchieren.

2. Eine ofenfeste Auflaufform buttern. Den Backofen auf 200 °C vorheizen. Kartoffeln, Porree, Zucchini und Tomaten einschichten.

3. Den Landrahm mit der Milch cremig rühren, dann das Ei unterrühren. Mit Salz, Pfeffer und Muskat pikant würzen. Die Masse über dem Gemüse verteilen. Den Auflauf mit geriebenem Käse bestreuen und im vorgeheizten Backofen etwa 20 Minuten überbacken.

Zubereitungszeit ca. 50 Minuten
Pro Portion ca. 1724 kJ / 412 kcal
E: 17 g, F: 21 g, KH: 36 g

Couscous mit Gemüse

Zutaten für 4 Personen

600 ml Gemüsebrühe (Instant)

200 g Couscous

1 Zwiebel, gewürfelt

2–3 Möhren, gewürfelt

1 Zucchini, gewürfelt

Salz, Pfeffer aus der Mühle

2 EL gehackte Petersilie

50 g Butter in Flöckchen

1. Einen Römertopf etwa 10 Minuten wässern. Den Backofen auf 200 °C vorheizen. Die Gemüsebrühe in den Römertopf geben, den Couscous einrühren.

2. Zwiebel-, Möhren- und Zucchiniwürfel unter den Couscous rühren und alles im vorgeheizten Ofen etwa 45 Minuten garen.

3. Mit Salz und Pfeffer würzen und gut durchrühren. Petersilie und Butterflöckchen unter den Couscous heben.

Zubereitungszeit ca. 1 Stunde
Pro Portion ca. 1320 kJ / 320 kcal
E: 6 g, F: 14 g, KH: 42 g

Gemüse-Güvec (Foto)

Zutaten für 4 Personen

- **2 Auberginen, grob gewürfelt**
- **Fondor**
- **3 EL Sonnenblumen- mit Olivenöl**
- **2 Zwiebeln, in Ringen**
- **je 2 grüne und gelbe Paprikaschoten, in Streifen**
- **600 g TK-Brechbohnen, aufgetaut**
- **4 Beutel Fix für Zucchini-Moussaka**
- **4 Fleischtomaten**
- **6 kleine Zucchini, in ½ cm dicken Scheiben**

1. Die Auberginen mit Fondor bestreuen, etwa 15 Minuten ziehen lassen und trockentupfen.

2. Öl in einer großen Pfanne erhitzen, Gemüse darin anbraten. 1,2 Liter Wasser zugießen. Fix-Pulver einrühren und alles in eine große Auflaufform geben. Backofen auf 200 °C vorheizen.

3. Tomaten überbrühen, abschrecken, enthäuten und achteln. Zucchini mit den Tomaten auf dem Auflauf verteilen und im vorgeheizten Backofen etwa 45 Minuten backen.

Zubereitungszeit ca. 1½ Stunden
Pro Portion ca. 1899 kJ / 453 kcal
E: 18 g, F: 24 g, KH: 45 g

Überbackener Fenchel

Zutaten für 4 Personen

- **4 Fenchelknollen**
- **Salz**
- **2 Becher Frischkäse mit französischen Kräutern (300 g)**
- **250 ml Gemüsebrühe (Instant)**
- **2 EL trockener Wermut**
- **schwarzer Pfeffer aus der Mühle**
- **30 g gehobelte Mandeln**

1. Fenchel putzen, waschen, längs halbieren, in kochendem Salzwasser etwa 5 Minuten garen, herausnehmen. Backofen auf 180 °C vorheizen.

2. Die Innenseite der Fenchelknollen mit je 20 g Frischkäse bestreichen. Die Knollen mit den Schnittflächen nach unten in eine flache, ofenfeste Form setzen.

3. Restlichen Frischkäse mit Brühe und Wermut verrühren, mit Pfeffer würzen und auf dem Fenchel verteilen. Mandeln darüber streuen. Den Fenchel etwa 30 Minuten im vorgeheizten Ofen überbacken. Dazu passt Kartoffelpüree.

Zubereitungszeit ca. 55 Minuten
Pro Portion ca. 1350 kJ / 325 kcal
E: 13 g, F: 22 g, KH: 18 g

Gemüselasagne

Zutaten für 4 Personen

- 10 Lasagneplatten
- Salz
- 1 EL Butter
- 1 mittelgroße Zwiebel
- 1 Knoblauchzehe
- 2 Möhren
- 2 Tomaten
- 150 g Staudensellerie
- 1 Zucchini
- 1 Aubergine
- je 1 kleine grüne, gelbe und rote Paprikaschote
- 400 g Dickmilch (3,5 % Fett)
- 2 Eier (M)
- 2 EL Mehl
- 80 g Gouda (45 % F. i. Tr.)
- Kräutersalz
- Pfeffer aus der Mühle
- je ½ TL getr. Oregano und Basilikum
- 1 EL gehackte glatte Petersilie
- 150 g Mozzarella

1. Die Lasagneplatten in Salzwasser bissfest kochen, abgießen und auf einem Küchentuch abtropfen lassen. Mit der Hälfte der Butter eine eckige, ofenfeste Form ausfetten.

2. Die Zwiebel und den Knoblauch schälen und fein würfeln. Das Gemüse waschen, putzen, eventuell schälen und in Würfel schneiden. Die Zwiebelwürfel in der restlichen heißen Butter andünsten. Das Gemüse und den Knoblauch dazugeben und einige Minuten dünsten. Die Nudelplatten und die Gemüsemischung abwechselnd in die Form schichten.

3. Den Backofen auf 180 °C vorheizen. Die Dickmilch zusammen mit den Eiern glatt rühren, Mehl und Gouda unterrühren und alles mit den Gewürzen und Kräutern gut abschmecken. Die Masse über die Lasagne geben und im vorgeheizten Backofen etwa 1 Stunde garen.

4. Den Mozzarella in Scheiben schneiden. Die Lasagne nach 1 Stunde Backzeit mit den Mozzarellascheiben belegen und nochmals etwa 10 Minuten überbacken.

Zubereitungszeit ca. 2 Stunden
Pro Portion ca. 1710 kJ / 410 kcal
E: 25 g, F: 22 g, KH: 27 g

Sahne
Dickmilch

Verzeichnis der Rezepte nach Kapiteln

Salate & Vorspeisen

Bauernsalat mit Schafskäse 10

Marinierte Möhren 10

Eingelegte Kirschtomaten 12

Italienischer Fenchelsalat 12

Käsebällchen im Spinatmantel 14

Tomaten-Canapés 16

Rohkost und Käse mit dreierlei Dips 18

Tomaten mit Tofu 20

Kräutertomaten 20

Gemüsepasteten mit Zitronenbutter 22

Karamellisiertes Gemüse 24

Fenchel im Weißwein-Sud 24

Feine Suppen

Spargelcreme-Suppe mit Kräuter-Schnecken 28

Gemüsecremesuppe mit Walnüssen 30

Möhren-Orangen-Suppe 30

Kartoffel-Getreide-Suppe 32

Basilikum-Schaumsuppe mit Rahmspinat 32

Gemüseeintopf mit Mohn-Käse-Klößchen 34

Beilagen und kleine Gerichte

Kartoffelküchlein mit Curry-Butter-Sauce 38

Gefüllte Folienkartoffeln 40

Gemüse mit Käsesauce 40

Maiskolben mit Kressebutter 42

Blumenkohl mit Tomaten 42

Raffiniert Gefülltes

Gefüllte Pfannkuchen mit Mangold und Nüssen 46

Südamerikanische Pilz-Empanadas 48

Gemüsestrudel mit Käse-Kräuter-Sauce 50

Spinatpastete 52

Auberginenröllchen in Tomatensauce 54

Pastete mit pikanter Paprika-Füllung 56

Gefüllte Zucchiniröllchen mit Tomatensugo 58

Nudel-Gemüse-Rolle mit Austernpilzragout 60

Aus Topf und Pfanne

Gemüsespaghetti in Thymiansauce 64

Rohkost mit Sprossen-Käse-Dip 66

Gemüse-Serviettenknödel mit Käsesauce 68

Ratatouille 70

Geschmorter Tofu 72

Gemüsepuffer mit Spinatfüllung 72

Spaghetti-Bratlinge mit Ofentomaten und Paprikasauce 74

Aus dem Ofen

Tomaten-Porree-Auflauf 78

Gefüllte Kohlblätter auf Rieslingsauce 80

Brokkoli-Tomaten-Quiche 82

Deftiger Kartoffelauflauf 84

Couscous mit Gemüse 84

Gemüse-Güvec 86

Überbackener Fenchel 86

Gemüselasagne 88

Verzeichnis der Rezepte in alphabetischer Reihenfolge

Auberginenröllchen in Tomatensauce 54

Basilikum-Schaumsuppe mit Rahmspinat 32

Bauernsalat mit Schafskäse 10

Blumenkohl mit Tomaten 42

Brokkoli-Tomaten-Quiche 82

Couscous mit Gemüse 84

Deftiger Kartoffelauflauf 84

Eingelegte Kirschtomaten 12

Fenchel im Weißwein-Sud 24

Fenchel, überbackener 86

Fenchelsalat, italienischer 12

Folienkartoffeln, gefüllte 40

Gefüllte Folienkartoffeln 40

Gefüllte Kohlblätter auf Rieslingsauce 80

Gefüllte Pfannkuchen mit Mangold und Nüssen 46

Gefüllte Zucchiniröllchen mit Tomatensugo 58

Gemüse mit Käsesauce 40

Gemüse, karamellisiertes 24

Gemüsecremesuppe mit Walnüssen 30

Gemüseeintopf mit Mohn-Käse-Klößchen 34

Gemüse-Güvec 86

Gemüselasagne 88

Gemüsepasteten mit Zitronenbutter 22

Gemüsepuffer mit Spinatfüllung 72

Gemüse-Serviettenknödel mit Käsesauce 68

Gemüsespaghetti in Thymiansauce 64

Gemüsestrudel mit Käse-Kräuter-Sauce 50

Geschmorter Tofu 72

Italienischer Fenchelsalat 12

Karamellisiertes Gemüse 24

Kartoffelauflauf, deftiger 84

Kartoffel-Getreide-Suppe 32

Kartoffelküchlein mit Curry-Butter-Sauce 38

Käsebällchen im Spinatmantel 14

Kirschtomaten, eingelegte 12

Kohlblätter auf Rieslingsauce, gefüllte 80

Kräutertomaten 20

Maiskolben mit Kressebutter 42

Marinierte Möhren 10

Möhren-Orangen-Suppe 30

Nudel-Gemüse-Rolle mit Austernpilzragout 60

Pastete mit pikanter Paprika-Füllung 56

Pfannkuchen mit Mangold und Nüssen, gefüllte 46

Pilz-Empanadas, südamerikanische 48

Ratatouille 70

Rohkost und Käse mit dreierlei Dips 18

Rohkost mit Sprossen-Käse-Dip 66

Spaghetti-Bratlinge mit Ofentomaten und Paprikasauce 74

Spargelcreme-Suppe mit Kräuter-Schnecken 28

Spinatpastete 52

Südamerikanische Pilz-Empanadas 48

Tofu, geschmorter 72

Tomaten mit Tofu 20

Tomaten-Canapés 16

Tomaten-Porree-Auflauf 78

Überbackener Fenchel 86

Zucchiniröllchen mit Tomatensugo, gefüllte 58

Foto- und Rezeptnachweis:
Adler Edelcreme: S. 40 u., 50/51, 66/67, 72 u.
Bonbel: S. 12/13, 16/17
Bresso: S. 54/55, 86 u.
California Walnut Commission: S. 30/31
CMA/Butterschmalz: S. 34/35
CMA/Deutsche Butter: S. 22/23, 38/39, 42/43, 46/47, 64/65
CMA/Deutscher Käse: S. 14/15, 18/19, 56/57, 68/69, 78/79
CMA/Milch: S. 80/81
Deutsches Suppeninstitut: S. 28/29, 30 u., 32 u.
Deutsches Teigwareninstitut: S. 60/61, 74/75
Informationsgemeinschaft Olivenöl: S. 10/11, 52/53, 70/71
Italienisches Institut für Außenhandel: S. 10 u., 12 u., 20 u., 24 u.
Kanne: S. 32/33
Maggi Kochstudio, Frankfurt/M.: S. 86/87
Meggle: S. 40/41, 82/83
Molkerei Müller: S. 88/89
Römertopf: S. 42 u., 84 u.
Rotkäppchen: S. 84/85
Surig: S. 24/25, 58/59, 72/73
Vitaquell: S. 20/21, 48/49

Dieses Werk berücksichtigt die neue deutsche Rechtschreibung.

Die Ratschläge in diesem Buch wurden von Autoren und Verlag sorgfältig geprüft, dennoch kann eine Garantie nicht übernommen werden. Eine Haftung der Autoren bzw. des Verlags für Personen-, Sach- und Vermögensschäden ist ausgeschlossen.

© by Pabel-Moewig Verlag KG, Rastatt
Redaktion: Claudia Boss-Teichmann
Coverfoto: Adler Edelcreme (Rezept Seite 66)
Alle Rechte vorbehalten
Printed in Germany
ISBN 3–8118–7639–2